LECTURES CLE EN FRANÇAIS FACILE

Moby Dick

Herman Melville

Adapté en français facile
par Olivia Tabaro

Crédits photographiques :
Page 3 : © BIS/ph. Coll. Archives Larbor
Couverture : © chetvergov, Adobe stock

Direction éditoriale : Béatrice Rego
Marketing : Thierry Lucas
Couverture : Fernando San Martin
Mise en pages : Isabelle Vacher
Illustrations : Conrado Giusti
Enregistrement : Vincent Bund

© CLE International, 2018
ISBN : 978-209-031736-7

N° éditeur : 10303253 - Dépôt légal : 2018
Imprimé en France en juillet 2024 par la Société TIRAGE - 91941 COURTABŒUF

Herman Melville naît à New-York le 1ᵉʳ août 1819 dans une famille nombreuse d'origine Hollandaise et Écossaise. L'entreprise d'importation de son père ferme, la famille s'installe chez un oncle maternel qui travaille dans une banque. À treize ans, son père meurt, Herman devient alors employé de cette banque, puis instituteur. En 1839, il est garçon de cabine, il traverse l'Atlantique sur un bateau de la marine marchande. À New Bedford, un an plus tard, il s'engage sur un baleinier. Il part pour le Pacifique, mais il s'enfuit sur les îles Marquises où il est recueilli par une tribu, les Taïpis. Or, le capitaine d'un baleinier, qui a entendu parler de lui, vient l'échanger contre du matériel. Suite à une révolte sur le navire, il est emprisonné à Papeete. Il parvient à s'enfuir et va d'île en île avant de s'engager sur un autre baleinier. Il reviendra à New-York sur un navire de guerre.

Ces années de voyages nourrissent son œuvre littéraire. Dès 1845, il écrit des romans et des critiques littéraires, tente de travailler pour la diplomatie mais n'y parvient jamais. Il se marie avec Elizabeth Shaw. Ils ont quatre enfants. En 1850, il s'installe à la campagne dans l'Ouest. C'est là qu'il écrit Moby Dick. Il continue ensuite sa carrière d'écrivain, effectue plusieurs voyages mais pas le tour du monde dont il rêve. Le succès de ses livres ne dure pas, il doit travailler pendant une vingtaine d'années à la douane du port de New-York pour gagner sa vie. Il meurt en 1891. Son dernier livre, Billy Budd, sera publié après sa mort en 1924.

C'est seulement après la seconde guerre mondiale que son œuvre – romans, nouvelles, essais et poésie – sera reconnue. Herman Melville est depuis considéré comme un des plus grands auteurs américains. Moby Dick est son roman le plus connu.

Herman Melville a déjà beaucoup voyagé sur des baleiniers et écrit deux récits sur sa vie de marin quand il commence à écrire Moby Dick en 1850.

Dans ce troisième roman publié en 1851, il s'inspire de l'histoire d'un cachalot blanc. Il en a entendu parler plusieurs fois et il a lu, dans un magazine, un article de Reynolds intitulé « Mocha Dick ou la baleine du Pacifique » publié en 1839. Le mystérieux animal blanc fascine les marins. Il devient vite une légende.

Herman Melville met cette étrange baleine au cœur de son récit, faisant d'elle un animal presque surnaturel. Elle est pourchassée par un capitaine qui veut se venger. Et, comme cela plaît à l'époque, l'auteur nord-américain apporte aussi un grand nombre d'informations réelles, historiques et scientifiques sur les baleines.

Cette histoire de chasse impossible et de folle vengeance est à la fois réaliste et légendaire. C'est un récit d'aventure maritime et une réflexion philosophique sur l'humain : une vraie aventure littéraire !

Les mots ou expressions suivis d'un astérisque (*) sont expliqués dans le Vocabulaire, page 61.

1. QUEEQUEG

*E*N NOVEMBRE, quand le brouillard s'épaissit, il assombrit mes journées, je m'enfonce alors dans une tristesse profonde. Et pour éviter de suivre les cortèges des enterrements, je sais que, moi Ismaël, orphelin de père, je dois, sans tarder, quitter Manhattan, m'éloigner de la terre et partir en mer.

Rechercher la puissance vitale de l'océan, je l'ai fait plusieurs fois dans la marine marchande*. Chaque fois, je m'engageais comme simple matelot*, sans aucun besoin de reconnaissance. Et si vous me demandez pourquoi cette fois-ci, j'ai choisi de naviguer sur un baleinier*, je ne saurai pas vous répondre avec exactitude. Les forces obscures de la vie m'ont sans doute encouragé à chasser les baleines. J'avais sûrement besoin de sensations fortes.

J'étais décidé à aller le plus loin possible, jusqu'à l'extrémité de ma terre, sur l'île de Nantucket pour choisir le bateau de mon aventure. Pour s'y rendre, il fallait prendre un bateau à New Bedford qui est devenu le lieu principal de départ de la chasse aux cétacés*. Cette petite ville côtière qui n'était qu'un arrêt pour moi, a toutefois été une pause décisive. Je vais vous raconter pourquoi.

Le froid glaçait le quartier désert, près des docks, le soir lugubre où je suis arrivé à New Bedford. Il fallait plisser les yeux et lutter pour avancer. Non seulement chaque pas était un combat contre le vent, mais en plus toutes les auberges étaient complètes et je n'avais que quelques pièces en poche. Au bout d'une rue sombre, j'ai aperçu une faible lumière. Je me suis approché. Au-dessus de l'entrée, un panneau se balançait. Il était écrit « Auberge du souffleur

Peter Coffin ». Coffin[1], il paraît que c'est un nom répandu à New Bedford. Je me suis demandé si c'était de mauvais augure[2]. Cependant, j'ai pensé que le logement serait bon marché et que l'on y servirait un bon café. L'endroit était tranquille mais pauvre, c'était une petite maison qui avait l'air d'être construite avec le bois à moitié brûlé d'une vieille épave*. L'entrée était sombre, elle donnait sur une salle avec une cheminée qui n'était pas allumée. À une table, un groupe de jeunes marins discutait en buvant de la bière. Accoudé à un bar en forme de baleine, un homme m'a annoncé :

— Je suis Peter Coffin, le patron, vous cherchez quelque chose ?

— Je voudrais une chambre pour deux ou trois nuits, j'ai répondu.

— Je suppose que vous partez à la chasse à la baleine.

Je lui ai dit qu'en effet, c'était mon projet.

— C'est complet, a-t-il continué, mais je peux peut-être faire quelque chose pour vous. Il faut vous préparer à la vie de marin sur les baleiniers, alors je peux vous proposer un grand lit à partager avec un harponneur*.

Avais-je le choix ?

— Où est-il, votre harponneur ?

— Il est sorti mais il ne va pas tarder. Vous voulez dîner ? m'a-t-il demandé.

Avec les autres marins, nous nous sommes assis dans la salle d'à côté. On se serait cru en Islande car là non plus, il n'y avait pas de feu dans la cheminée. Et il faisait un froid glaçant. Peter Coffin n'avait soit disant pas assez d'argent pour nous chauffer.

---

1. *Coffin* : cercueil en anglais, caisse en bois où on enferme les morts.
2. Mauvais augure : signe qui annonce un futur négatif.

On nous a servi des boulettes de viande avec des pommes de terre. En bout de table, j'ai remarqué qu'un des marins dévorait les boulettes de viande à s'en rendre malade.

– C'est lui, le harponneur ? j'ai chuchoté à l'oreille de Peter Coffin.

– Non ! Le harponneur, c'est un immense gars au teint sombre. Et il ne mange pas des boulettes de viande. Ce genre de sauvage, c'est de la viande crue qu'il mange ! Si vous voyez ce que je veux dire.

Non, je ne voyais pas ce qu'il sous-entendait mais ce qui était certain c'est qu'il me mettait mal à l'aise.

En montant l'escalier pour me conduire à ma chambre, Peter Coffin a encore essayé de me faire peur. Il m'a dit que ce grand sauvage était sans doute cannibale[3] mais de confiance et que je pouvais dormir tranquille. De toute évidence, il se moquait de moi. Je ne comprenais pas comment un cannibale pouvait inspirer confiance. J'avoue que j'ai d'abord voulu attendre le harponneur et ne pas me coucher le premier. Mais il était tard, j'étais fatigué. J'ai donc inspecté la chambre, je me suis installé, puis couché sous les couvertures dans le grand lit.

Quelques instants plus tard, alors que je commençais à m'endormir, un pas lourd a résonné dans le couloir. J'ai aperçu une lueur sous la porte. Le cannibale est entré. Il était très grand. Il a retiré son chapeau en peau de castor tout neuf et j'ai commencé à trembler. Il n'avait pas de cheveux sauf une petite touffe sur le front. À la lumière de la chandelle, j'ai découvert son atroce visage qui semblait avoir été peint. Des traits gris formaient une sorte de damier sur sa peau. Peter Coffin m'avait fait peur avec ses histoires de cannibale et à ce moment-là, j'ai pensé qu'il avait raison. Quand le cannibale s'est déshabillé, j'ai pu voir son corps de sauvage. Sa poitrine, ses bras et ses jambes étaient recouverts de la même peinture grise. Il avait partout le même échiquier. J'avais entendu parler de marins qui, faits prisonniers par des sauvages des mers du Sud, étaient revenus avec de telles marques sur la peau. C'était, à mon goût, tout simplement terrifiant. Cela ne faisait plus aucun doute. J'avais, en face de moi, un abominable sauvage. Allait-il me tuer ? Allait-il me manger ? J'aurais voulu courir me cacher, j'ai même pensé à sauter par la fenêtre.

---

3. Cannibale : qui mange de la chair humaine.

Mais au lieu de ça, j'ai continué à observer le sauvage en silence. Ce cannibale a sorti de ses poches une pipe et un petit objet en bois très sombre, c'était une figurine toute noire. J'ai supposé que cela devait être de l'ébène[4]. Le grand sauvage a posé cette figurine dans la cheminée et s'est mis à brûler un biscuit qu'il lui a donné tout en marmonnant des mots incompréhensibles. Certainement un rite païen, j'ai alors pensé. Je regardais chacun de ses gestes, avec toujours de la peur, mais surtout beaucoup d'étonnement et de curiosité. Cependant, quelques minutes plus tard, quand il a allumé sa pipe et qu'il s'est glissé sous les draps, je n'ai pas pu retenir mes cris.
– Peter Coffin ! Au secours !
Si le diable était entré dans ma chambre en pleine nuit, je n'aurais pas eu aussi peur. Tandis que je continuais à hurler, le sauvage a attrapé son harpon et il a crié à son tour :
– Qui es toi ? Dis ou je tue toi !
Peter Coffin est arrivé, visiblement satisfait du mauvais tour qu'il nous avait joué. Il a fait signe au sauvage de baisser son arme.
– Oh la la ! Queequeg, pose ce harpon, lui a-t-il lancé en ricanant. Calme-toi, ce n'est qu'un marin qui n'avait pas de lit pour la nuit. Il avait l'air curieux alors j'ai pensé qu'il serait content de faire ta connaissance. Ce lit est assez grand pour deux. Avec le froid qu'il fait, vous allez vous tenir chaud.
Et puis il est reparti et a ajouté depuis le couloir :
– Son nom, c'est Ismaël.
Avec la délicatesse remarquable de l'aubergiste, nous avions donc été présentés. Il nous fallait maintenant nous entendre. Cela n'a pas été évident.

---

4. Ébène : bois de couleur noire.

Le sauvage a reposé son harpon contre le mur. Pendant que moi, je me mettais le plus possible au bord du lit. Il s'est recouché en grognant :
– Tu, rester tranquille, hein ?
J'ai fini par dormir malgré la peur. Mais je me suis réveillé le lendemain matin avec le bras du sauvage autour du cou. Cela a pourtant été le début d'une solide amitié avec Queequeg, le meilleur harponneur de la région, un homme sympathique que j'avais pris pour un sauvage à cause d'une couleur de peau et d'une culture qui étaient différentes des miennes.

Dès le lendemain, nous avons fait connaissance. Queequeg m'a longuement parlé des traditions de son pays et de ses croyances. J'ai vite compris que c'était un homme honnête, courageux et en qui je pouvais avoir confiance. Il était certes étrange pour nous parce qu'il était différent. Mais il avait un courage extraordinaire, beaucoup de volonté et de générosité, et en plus, il venait d'une famille royale. Il m'a expliqué qu'à force d'observer les bateaux qui passaient dans la baie de son île, il s'était dit qu'il devait partir avec l'un d'eux en terre chrétienne pour comprendre le plus de choses possible que nous savions. Il voulait apprendre pour pouvoir mieux gouverner son peuple quand il serait roi à son tour, comme son père, son grand-père et leurs ancêtres.

Un jour où un navire s'est arrêté dans la baie, Queequeg est allé rencontrer le capitaine. Or, celui-ci n'a jamais voulu le prendre dans son équipage*. Face à ce refus, Queequeg n'a pas renoncé, bien au contraire ! Il est monté dans sa pirogue* et il a pagayé jusqu'à un endroit où le bateau allait forcément passer en repartant. Quand il est passé, Queequeg a sauté, il s'est accroché aux cordes, il a grimpé à bord*. Là, le capitaine ne pouvait plus le chasser. Queequeg avait beau être roi dans son pays, il n'a jamais été reçu à la table du capitaine ni même dans sa cabine.

Non, Queequeg était bon au début pour laver le pont* et faire toutes sortes de tâches qu'on donne aux matelots comme moi. C'est un peu plus tard que le capitaine d'un baleinier lui a mis un harpon dans les mains. Lui qui était habitué à chasser sur son île est devenu un des meilleurs harponneurs de Nantucket.

J'avais des difficultés au début à comprendre son langage. Il faut dire qu'il a appris notre langue sans enseignement, en acceptant tous les durs travaux que les capitaines voulaient bien lui confier.

Moi, je me suis habitué si bien que nous avons pu avoir de longues conversations sur nos vies et nos goûts.

Nous avons décidé de rejoindre ensemble l'île de Nantucket pour chercher le bateau idéal.

Peter Coffin, le patron de l'Auberge du Souffleur, nous avait recommandé l'auberge du Tâte-pots qui appartenait à son cousin Osée Hussey. Il nous avait dit que l'on y mangeait la meilleure soupe de poisson de la région. C'était vrai et tellement vrai qu'on nous la servait aussi bien au petit déjeuner, qu'au déjeuner et au dîner. Même le lait avait un goût de poisson. En me promenant sur la plage, j'ai vu la vache de l'aubergiste qui mangeait des restes de poissons. Nous avions sans doute là un avant-goût de ce qui nous attendait sur le bateau pendant plusieurs années.

C'est la femme de l'aubergiste qui s'occupait des lieux avec fermeté et efficacité. Elle était en train d'expulser un type quand nous sommes arrivés. Comme une bonne patronne, elle a laissé ce travail pour nous accueillir. Elle nous a donné une chambre mais n'a pas laissé Queequeg monter avec son harpon.

Je suis alors intervenu :

— Madame, un vrai harponneur ne se sépare jamais de son fer.

— Eh bien, ici, il va s'en séparer et c'est tout. Il ne montera pas dans la chambre avec, c'est moi qui vous le dis. Depuis que ce petit jeune, qui revenait de quatre ans de chasse à la baleine avec un peu d'argent, a été retrouvé avec son harpon dans le cœur, plus personne ne monte avec une arme à l'auberge du Tâte-Pots. L'arme va dormir avec moi.

Queequeg a bien été obligé d'accepter. Nous montions quand elle a demandé d'une grosse voix :

— Et pour le petit déjeuner, vous voulez une soupe de coquillages ou une soupe de morue ?

— Les deux, et vous ajouterez des harengs fumés pour changer, j'ai répondu.

Dès notre rencontre à New Bedford, nous nous étions mis d'accord avec Queequeg pour trouver ensemble le bateau idéal sur l'île de Nantucket. Mais voilà, Queequeg avait l'habitude de s'en remettre aux décisions de Yoyo, c'était le nom de sa figurine, son idole païenne. Il avait entièrement confiance en lui. Et l'idole a décrété que je devais trouver le bateau idéal tout seul et que Queequeg devrait arriver après. J'ai tout essayé pour le convaincre de venir avec moi car cette responsabilité me paraissait énorme mais aucun de mes arguments n'a fonctionné. Je suis donc parti seul sur le quai à la recherche du bateau qui devait nous conduire vers notre aventure.

2 LE PEQUOD

*A*PRÈS UN TOUR INTERMINABLE de demandes de renseignements aux uns et aux autres, j'ai appris que trois bateaux allaient partir pour des voyages de trois ans : le *Diable et sa mère*, la *Bonne bouche* et le *Pequod*. J'ai jeté un œil insatisfait au *Diable et sa mère*. J'ai grimpé sur la *Bonne bouche* et j'ai tout de suite senti qu'il ne me plaisait pas. Enfin, j'ai longuement examiné le *Pequod* avant de conclure que c'était le bateau qu'il nous fallait.

Je suppose que vous avez déjà vu des bateaux pittoresques[5], typiques de différentes régions du monde. Mais je suis certain que vous n'avez jamais rien vu d'aussi extraordinaire que ce vieux bateau. Le vieux *Pequod* avait été décoloré, repeint puis à nouveau décoloré par un nombre incalculable de périples[6] à tel point qu'il semblait avoir servi à faire la guerre. Il était évident que ses mâts d'origine avaient dû être cassés dans des combats violents au large du Japon, car on les avait reconstruits à la façon japonaise. C'était un navire ancien, plutôt petit. Ses ponts antiques étaient usés et ridés. Et sur cette pièce de musée de plus d'un demi-siècle, on avait ajouté des éléments surprenants qui racontaient sa vie rythmée par de sauvages aventures.

Le vieux Peleg, l'un des principaux propriétaires du *Pequod*, était aujourd'hui à la retraite. C'était lui qui avait décoré l'antique navire de manière étrange et primitive. Tel un cannibale, le navire affichait fièrement les restes de ses ennemis. Les longues dents de cachalots* servaient à l'amarrer* et les boyaux à l'encorder*. À la place d'un

---
5. Pittoresque : original et bizarre.
6. Périple : long voyage.

traditionnel gouvernail à tourniquet*, sa barre* était taillée d'une seule pièce dans la mâchoire[7] inférieure d'une de ses victimes. L'homme à la barre face à l'océan déchaîné[8] se sentait comme un conquérant maîtrisant son cheval par les mors[9]. Ce navire m'a impressionné car il avait une vraie noblesse. Et il s'en dégageait de la mélancolie.
Alors que je cherchais quelqu'un pour dire que je souhaitais m'engager, je n'ai d'abord vu personne. J'ai remarqué une tente sur le pont, sans doute installée temporairement, le temps que le bateau devait passer au port.
Un homme était assis à une table à l'intérieur. Il n'avait rien de particulier. Il était enveloppé dans un épais manteau marron. Sa peau était tannée[10] et ridée comme celle de tous les vieux marins. Ses yeux à demi fermés laissaient deviner le temps passé à fixer l'horizon pendant des heures interminables de navigation et dans plus d'une violente tempête. Ses rides lui donnaient un air sévère. J'ai malgré tout essayé de m'imposer en l'interrogeant :
– Ai-je l'honneur de parler avec le capitaine du bateau ?
– Et si c'était lui, qu'est-ce que tu lui demanderais ?
– J'aimerais embarquer.
– Tu aimerais… Je vois que tu n'es pas d'ici. Tu n'as pas l'air des gars de Nantucket, a-t-il affirmé, me jugeant d'un coup d'œil perçant à mon allure et à mon accent. Tu as déjà été sur des bateaux comme celui-ci ?
– Non, jamais.
– Tu n'es jamais parti sur un baleinier ?
– Non, jamais mais j'apprendrai vite parce que j'ai de

---

7. Mâchoire : les deux os de la bouche sur lesquels se trouvent les dents.
8. Déchaîné : qui s'agite avec violence.
9. Mors : Dispositif placé dans la bouche du cheval pour le diriger.
10. Tannée : brunie par le soleil.

l'expérience. J'ai été matelot sur des bateaux de la marine marchande.
— La marine marchande ! Que le diable l'emporte ! Ne prononce plus jamais ces mots devant moi sinon tu vas recevoir de sacrés coups dans le derrière ! Pourquoi veux-tu partir sur un baleinier ? As-tu été pirate ? Tu n'aurais pas volé ton dernier capitaine, par hasard ? Tu n'as pas tué un autre matelot au large ?

Face à tant d'accusations, il faut avouer que j'ai été surpris. Mais je me suis défendu. J'ai protesté, affirmant mon innocence. J'avais senti sa méfiance envers les étrangers dès ses premières remarques, avec ses accusations, elle se confirmait.

— Monsieur, je veux tout simplement savoir ce que pêcher la baleine signifie et je veux voir le monde.
— Tu veux aller voir les baleines... As-tu rencontré le capitaine Achab ?
— Qui est le capitaine Achab ?
— C'est bien ce que je pensais ! Le capitaine Achab est le capitaine de ce bateau.
— Mais ce n'est pas vous le capitaine de ce navire ? Je me suis donc trompé ?
— Veux-tu savoir à qui tu parles ? Tu parles au capitaine Peleg. Avec le capitaine Bilbad, nous nous occupons à armer le *Pequod* pour le voyage. Nous préparons tout ce qui est nécessaire et c'est nous qui choisissons les hommes. Cela dit, si tu veux absolument savoir ce que pêcher la baleine signifie, tu peux en avoir une idée avant même d'embarquer. Il te suffit d'aller voir le capitaine Achab. Tu pourras constater qu'il n'a plus qu'une jambe.
— Vous voulez dire qu'il a perdu l'autre à cause d'une baleine ?

– Tu as tout compris ! Approche, viens près de moi, je vais te dire deux mots : elle a été dévorée, broyée et mâchée par le plus monstrueux des cachalots.
– Comment pouvais-je deviner ?
– Écoute, mon garçon, je vois bien que tu ne parles pas le langage des marins. Es-tu sûr d'avoir déjà pris la mer ?
– Je vous ai dit que...
– Tais-toi ! Essayons de nous comprendre. Maintenant que je t'ai dit ce qui est arrivé au capitaine Achab, veux-tu toujours partir ?
– Oui, Monsieur.
– Tu as dit que tu voulais voir le monde, n'est-ce pas ? Alors va jeter un œil à l'horizon ! Et dis-moi ce que tu vois !

Je ne comprenais pas pourquoi il me posait cette question mais j'ai obéi. Je suis sorti de la tente et j'ai marché jusqu'au bout du pont. Là, j'ai regardé au large, à l'horizon en me demandant ce qu'il voulait savoir.
– Alors ? Qu'as-tu vu ? m'a demandé Peleg à mon retour.
– De l'eau, et peut-être un peu de pluie qui s'annonce.
– Es-tu prêt à passer le Cap Horn pour voir ce que tu viens d'observer ? Ne peux-tu pas voir le monde d'où tu es ?

J'ai alors expliqué à Peleg que je voulais pêcher la baleine et que j'irai pêcher la baleine. Je lui ai dit que le *Pequod* était le bateau qui me plaisait, et j'étais sincère. Me voyant si décidé, il a fini par accepter de m'engager.

Il m'a même proposé de signer tout de suite et m'a accompagné dans la cale*. Là, il m'a présenté le capitaine Bilbad, lui aussi en partie propriétaire du *Pequod*.

Ils ont négocié le pourcentage qu'ils allaient me donner. Bilbad, qui avait la réputation d'être avare, voulait me donner le 700e, tandis que Peleg, qui était visiblement plus généreux, tout au moins plus juste, essayait de m'offrir plus. Les deux vieux capitaines se sont tellement disputés que cette discussion mouvementée a failli mal tourner. J'ai pensé un moment à m'enfuir. Peleg passait son temps à dire des jurons, pendant que Bilbad le réprimandait. Moi, je savais que l'on n'avait pas de salaire sur un baleinier et que je ne partais pas à la pêche à la baleine pour faire fortune. L'équipage, y compris le capitaine, touchait une part sur le bénéfice[11]. Cette part était calculée en fonction de l'importance des tâches de chacun. Et moi, je n'étais qu'un simple matelot, débutant sur un baleinier, avec une expérience sur les bateaux de marine marchande dont il ne fallait pas parler. La réputation d'avarice de Bilbad était bien fondée, personne n'aurait pu affirmer le contraire, la démonstration était faite. Heureusement, Peleg, qui criait plus fort, a eu le dernier mot. J'ai réussi à signer pour la 300e part.

Avant de les quitter, j'ai annoncé à Peleg qu'un de mes amis voulait embarquer lui aussi. Le propriétaire du *Pequod* était intéressé, nous avons donc convenu que je viendrais avec lui le lendemain.

Je m'y attendais. Quand nous sommes arrivés sur le *Pequod* avec Queequeg tôt le matin, les deux vieux capitaines ont d'abord jugé Queequeg à son apparence. La veille, bien entendu, j'avais fait exprès de ne pas leur dire un mot sur l'allure surprenante de mon ami. N'avais-je pas été capable de dépasser mes peurs et mes préjugés ? Si moi, j'avais pu le faire, grâce aux qualités indéniables de Queequeg, Peleg et Bilbad ne seraient-ils pas capables, eux aussi, de l'accepter tel qu'il était et non tel qu'il paraissait ?

– Moi, je n'engage pas de cannibale, a tout de suite dit Bilbad.

---

11. Bénéfice : argent réellement gagné par une activité.

Après avoir lancé quelques grossièretés[12], Peleg s'est laissé aller à sa curiosité. Pensant que Queequeg n'allait pas comprendre, il ne s'est pas adressé directement à lui, mais il m'a demandé à moi :
— Ce grand sauvage sait-il au moins se servir d'un harpon ? A-t-il déjà tué une baleine ?
— C'est le meilleur ! Il a tué tellement de baleines que je ne pourrais pas les compter.

De toute évidence, Queequeg ne pouvait pas argumenter comme je l'avais fait la veille. Cependant je savais qu'il maîtrisait mieux le harpon que notre langage et qu'il pouvait le démontrer à sa manière. En effet, énervé par les préjugés de ces hommes et par leur méfiance, il n'a pourtant rien montré de sa colère. Sans dire un mot, Queequeg a bondi sur une pirogue, il a équilibré son harpon et enfin, il a dit :
— Tu vois le petit goutte goudron[13], là, sur l'eau ? Toi, bien vois lui ?

Puis il a visé et a lancé le harpon, qui est passé juste au-dessus du chapeau de Bilbad. Le vieux capitaine, effrayé par la proximité de l'arme, s'est aussitôt réfugié dans la cale. Il n'a donc pas pu voir le harpon qui filait droit à travers les ponts pour piquer sur la goutte de goudron qui brillait. Quant à Peleg, lui, il n'a rien perdu du spectacle.
— Alors ? a interrogé Queequeg en regardant fièrement Peleg. Toi, imagines goutte goudron œil baleine. Hop, harpon dans œil baleine, hop, baleine mort.

Peleg n'a pas attendu un instant de plus pour rappeler Bilbad sur le pont.
— Bilbad, reviens ! a hurlé le capitaine Peleg. Il nous faut ce Quoquo, je veux dire ce Queequod sur un de nos baleiniers !

---
12. Grossièretés : paroles choquantes.
13. Goudron : substance épaisse et noirâtre.

– Queequeg, j'ai corrigé.
– Eh bien, Queequod, tu vas signer immédiatement et je vais te donner le 90e ! C'est plus que ce que je donne aux harponneurs de Nantucket, tu peux me croire !
Même s'il continuait à l'appeler Queequod, Peleg était visiblement très content d'engager un harponneur aussi précis. Queequeg était sans aucun doute le meilleur harponneur que lui et Bilbad aient rencontré dans toute leur longue vie de chasseurs de baleines. La preuve, Bilbad n'avait pas protesté lorsque Peleg avait proposé le 90e, une part énorme !

3 LES PRÉPARATIFS

J'AVAIS SIGNÉ, Queequeg allait signer à son tour. Tout était réuni pour que je sois pleinement satisfait. Pourtant, avant d'embarquer, je voulais rencontrer le capitaine Achab. Lorsqu'on s'apprête à partir en mer pour trois ans, il est normal d'avoir envie de savoir qui va nous diriger. J'ai donc demandé à Peleg où j'allais le trouver :

– Que lui veux-tu, au capitaine Achab ?
– J'aimerais lui parler.
– Il ne se sent pas bien, il reste dans sa chambre. Il est malade. À dire vrai, il n'est pas malade mais il ne va pas bien non plus. De toute façon, il accepte rarement de me voir moi, alors toi, je doute qu'il ait envie de te rencontrer.

C'est un homme étrange, du moins, certains le trouvent bizarre. Moi, je lui trouve de la grandeur, plus que de la grandeur. Il est un homme sans dieu, comme un dieu. Il n'est pas bavard mais quand il parle, il faut bien l'écouter. Le capitaine Achab, je te préviens, il a fréquenté les grandes écoles, rencontré les cannibales, connu des prodiges[14], il est au-dessus du commun. Tu l'aimeras, j'en suis sûr ! Avec sa puissante lance, il a percé le cœur de nombreux ennemis. Son harpon est le plus féroce de toute l'île de Nantucket. Tu connais l'histoire d'Achab ? C'était un roi couronné.

– Un roi cruel. Lorsque ce roi maudit a été assassiné, les chiens ont léché son sang.

– Viens là, mon garçon, approche-toi, m'a alors dit Peleg avec un regard inquiétant. Écoute bien ce que je vais te dire mais surtout, ne le répète à personne. À personne ! Tu entends ? Le capitaine Achab n'a pas choisi son nom. C'est un caprice de sa mère, une veuve, une folle, une ignorante. Elle est morte quand il n'avait qu'un an. La vieille squaw[15] Tistig de Gayhead disait que ce nom lui porterait malheur. Elle ne savait pas ni où, ni quand, ni comment, mais elle était sûre de ce qu'elle disait. Peut-être que d'autres idiots dans son genre viendront te dire la même chose. Eh bien, mon garçon, ne les crois pas ! C'est un mensonge ! Je t'avertis, ne prête pas attention à ces menteurs ! Moi, Peleg, ajouta-t-il en se tapant la poitrine, je connais bien le capitaine Achab. J'ai été son second il y a longtemps. Je sais qui il est. C'est un homme autoritaire, honnête et juste. C'est vrai, il n'a jamais été très joyeux. Il est devenu un peu fou mais une baleine lui a arraché une jambe ! Imagine, mon garçon, imagine combien il souffrait ! Surtout depuis

---
14. Prodige : événement extraordinaire.
15. Squaw : femme indienne, en Amérique du Nord.

son dernier voyage, à cause de cette maudite baleine, il sombre parfois dans la colère, parfois dans le désespoir le plus profond. Je vais te dire une chose que doit savoir tout marin. Il vaut mieux embarquer avec un bon capitaine sombre qu'avec un mauvais capitaine joyeux. Je te le demande : ne condamne pas le capitaine Achab parce qu'il porte un mauvais nom. Et n'oublie pas ! Il a une femme ! Cela fait trois voyages qu'il l'a épousée. Cette douce fille lui a donné un enfant. Réfléchis, mon garçon ! Un homme comme ça peut-il être vraiment mauvais ? Bien sûr que non ! Achab est humain !

J'étais totalement bouleversé par le discours de Peleg. Bouleversé et plein d'incertitude. J'avais éprouvé de la compassion vis-à-vis d'Achab en écoutant Peleg, je partageais sa souffrance et en même temps je ressentais de la terreur. Une étrange frayeur que je serais bien incapable de décrire.

Ainsi troublé, j'ai suivi Peleg. Nous sommes retournés auprès du capitaine Bilbad et de Queequeg. Mon ami était enfin prêt à signer. Il ne savait pas écrire, cependant il avait l'habitude de ce genre de formalités puisqu'il avait déjà navigué sur des baleiniers. Il s'est donc approché de la petite table de Bilbad. Celui-ci protestait, comme à son habitude, affirmant que le sauvage ne saurait pas signer. Mais, droit, sans se laisser troubler par le vieux capitaine, Queequeg a pris la plume et a dessiné un des motifs qui était aussi représenté sur son bras. C'était sa marque, sa signature. Nous étions tous les deux engagés !

Ainsi, satisfaits, nous avons quitté le navire où nous allions vivre pendant de nombreux mois. En direction de l'auberge, nous avons longé le quai. Nous marchions côte à

côte, contents, quand un homme nous a interpelé. Il portait des vêtements sales et déchirés. Sa peau était abîmée par des maladies, il avait un air affreux. Avec son index tendu vers le *Pequod*, il nous a demandé :
— Matelots, êtes-vous enrôlés[16] dans ce navire ?
— Vous voulez parler du *Pequod* ? lui ai-je répondu en observant son visage répugnant.
— Oui, vous avez signé ? a-t-il continué avec l'index pointé droit vers le bateau comme une arme dressée contre son ennemi.
— Oui, c'est exact, nous venons de signer.
— Avez-vous signé une clause[17] spéciale pour vos âmes[18] ?
— Pourquoi ?
— Non, bien sûr, vous n'avez pas d'âme. Ce n'est pas surprenant, beaucoup de matelots n'en ont pas. C'est peut-être mieux pour vous, pour eux. Une âme, c'est quelque chose comme le cinquième pied d'une table.
— Vous racontez n'importe quoi, mon ami.
— Lui, il en a assez pour les autres, pas de souci.

En disant cela, il avait insisté sur le lui. Je ne trouvais pas intéressant de continuer la conversation avec cet homme qui semblait échappé d'un asile de fous mais, alors que nous commencions à nous éloigner, il a repris :
— Attendez, vous n'avez pas encore rencontré le Vieux Tonnerre ?
— Qui est-ce ? ai-je demandé, stupéfait par son extravagance.
— Le capitaine Achab.
— Quoi, vous voulez parler du capitaine du *Pequod* ?

---

16. Enrôler : engager.
17. Âme : esprit, caractère, pensées, sentiments.
18. Clause : convention, accord spécial.

— Oui, nous les vieux marins, nous l'avons surnommé ainsi. L'avez-vous rencontré ?
— Non, il paraît qu'il est malade mais qu'il sera vite guéri.
— Vite guéri ! Ah ! Ah ! Ah ! L'homme dément a éclaté d'un rire ironique et a ajouté. Que savez-vous de lui ?
— Je sais que c'est un excellent chasseur de baleines et un bon capitaine pour son équipage*.
— C'est vrai, c'est vrai. Ces deux choses sont vraies, seulement il faut bondir quand il donne un ordre. Marche et enrage. Marche et enrage. Mais savez-vous au moins ce qui s'est passé au large du Cap Horn ? Il est resté comme mort trois jours et trois nuits. Vous ont-ils au moins raconté le combat mortel avec l'Espagnol à Santa ? Vous ne savez rien de tout cela, n'est-ce pas ? Comme pourriez-vous le savoir ? Personne n'est au courant à Nantucket ! Et comment il a perdu sa jambe ? Ça, vous en avez entendu parler, évidemment. Tout le monde est au courant.
— Mon ami, je ne sais pas pourquoi vous nous racontez ces histoires incompréhensibles. Il me semble que votre cerveau est dérangé. Si vous parlez du capitaine Achab, je sais parfaitement bien comment il a perdu sa jambe.
— Parfaitement bien, hein ?
— Tout à fait !
— Et vous êtes enrôlés ? Vous avez signé votre engagement ! Alors, maintenant… ce qui est signé est signé. Ce qui doit arriver arrivera. Tout est écrit. Tout est prévu. Bonjour, désolé de vous avoir retardé.
— Monsieur, si vous savez quoique ce soit d'important, il faut nous le dire. S'il y a un secret, dites le nous, sinon, taisez-vous !
— Oh ! Oui ! Je le sais, il va apprécier votre façon de parler. Oh, oui ! Je vous le dis, vous êtes les hommes qu'il lui faut.

Bonjour, mes amis, bonjour.
— Venez Queequeg, partons. Il est facile de faire croire que l'on détient un secret. Monsieur attendez, comment vous appelez-vous ?
— Élie.
Nous avons repris notre route vers l'auberge. En marchant, je me suis demandé pourquoi cet Élie était venu nous parler et s'il allait encore nous suivre. Il a à nouveau semé le doute dans mon esprit. Parfois, on s'apprête à faire quelque chose... Quand on s'est engagé mais que la chose n'est pas encore faite, on a le temps de douter, de remettre les décisions en question, de s'interroger. C'est exactement cet état de doute et de remise en cause qui m'agitait après avoir signé notre engagement, et encore plus après avoir discuté avec Peleg et avec ce fou. Je ne savais plus qui croire, je ne savais plus que croire... J'étais peut-être en train de commettre une erreur en partant sur ce navire et pourtant je ne voulais pas vraiment le voir. C'est ainsi, parfois, inconsciemment, on ne veut pas s'avouer à soi-même des choses désagréables, les erreurs que l'on s'apprête à commettre. Moi, j'étais à peu près dans cet état là, essayant de ne pas penser.

Le cours de la vie finit le plus souvent par prendre le dessus sur les interrogations et les méditations. Dès le lendemain de ce jour où Queequeg avait signé, tous les hommes descendus dans des auberges ont reçu l'ordre d'amener les coffres à bord. Nous ne pouvions pas prévoir à quelle heure le navire lèverait l'ancre*. Mais tout indiquait que le départ était imminent. Nous avons donc transporté nos affaires, bien décidés toutefois à rester à l'auberge jusqu'au dernier instant.
Les armateurs* travaillaient durement, même pendant la nuit, à réunir tout ce qu'il fallait pour partir trois ans.

Il régnait à bord du *Pequod* une activité débordante. On réparait les vieilles voiles et on embarquait des voiles neuves. Pendant que le capitaine Peleg restait sous sa tente, le capitaine Bilbad veillait à l'achat du matériel. Chacun sait que dans une maison, nous avons besoin d'innombrables affaires. Alors, imaginez ! Vivre pendant trois ans loin des épiciers, des boulangers, des médecins et des banquiers. Il fallait que les armateurs pensent à tout ce dont nous aurions besoin en naviguant sur le vaste océan. De plus, il ne faut pas oublier que les baleiniers courent de graves dangers. Il est donc nécessaire de prévoir des pirogues de rechange, des rames de rechange, des harpons et des fils de rechange, tout doit être prévu de rechange sauf le capitaine et le navire.

Quoiqu'il arrive, il n'y aurait qu'un seul et unique capitaine à bord et celui-ci était toujours invisible.

Filant comme une ombre à travers la brume, le capitaine Achab n'a embarqué que le matin du départ, avant l'aube. Sans savoir que c'était notre capitaine, nous avons aperçu cet inquiétant fantôme. Car Queequeg et moi, nous nous étions également levés avant le soleil pour monter sur le navire. Une fois à bord, il s'est installé dans sa cabine pour ne plus en sortir pendant une longue période, laissant le premier second Starbuck et le deuxième second Stubb mener le navire. C'était le jour de Noël, l'équipage était complet, le *Pequod* partait enfin.

Voiles au vent, le *Pequod* s'est enfin éloigné de la côte Est de l'Amérique du Nord. Nous partions pour trois ans et je savais que durant ce temps, je ne me réchaufferais plus près d'un bon feu de cheminée.

4 LE CACHALOT BLANC

CE QUE JE NE SAVAIS PAS en m'embarquant sur le *Pequod*, je l'ai appris en mer. J'ai compris beaucoup de choses par l'observation, l'action, et grâce aux récits des marins sur les baleines, sur leur chasse et sur Moby Dick. Tout ce que j'ai compris, je le dois essentiellement au *Pequod*. Ces mois de navigation ont été ma grande école, mon université.

Je vais vous raconter notre aventure, je vais vous parler des baleines et de Moby Dick, mais auparavant, pour que vous compreniez bien, je dois vous parler de l'intérêt de la chasse à la baleine. Oh ! Je sais ce que vous pensez. Vous pensez que la chasse à la baleine est une activité honteuse. Vous pensez qu'une fois partis, nous ne valons plus rien, que nous ne sommes pas pardonnables, que nous sommes des tueurs. Je le sais, pour nous, les chasseurs de cétacés, vous n'avez que du mépris. Vous pensez que ceux qui partent chasser les grands mammifères marins ne sont que des bouchers. Et c'est vrai. Vous avez raison. Nous sommes des bouchers, nous tuons et nous découpons puis nous utilisons l'animal. Mais, je vous le demande, réfléchissez un instant, car ce jugement sur les chasseurs de baleine n'est pas juste. Et afin de corriger cette injustice, j'aimerais vous démontrer l'importance de cette activité.

Lorsque les soldats reviennent de la guerre, ne sont-ils pas reçus comme des héros ? Les militaires qui, en plus des batailles, gagnent les honneurs et l'admiration de tous, sont fiers de leurs médailles sanglantes ! La mort n'est-elle pas leur métier ? Ne sont-ils pas des bouchers, eux aussi ? Et puis, dites-moi, ces soldats, vous les admirez pour leur courage ? N'est-ce pas ? Eh bien, je peux affirmer que ces soldats qui partent fièrement à la guerre fuiraient rapidement face à un cachalot plongeant, se dressant hors de l'eau et dont la queue vient frapper l'océan !

Si notre activité continue à vous inspirer le plus profond dégoût, n'oubliez pas ceci : alors que le monde entier nous méprise, il nous rend hommage malgré lui, il nous adore sans le savoir. De part et d'autre de la terre, en effet, presque toutes les bougies et les lampes brûlent en l'honneur de notre succès !

En Angleterre aussi, c'est grâce à nous que les rois reçoivent l'huile la plus douce, la plus délicate, la plus précieuse pour leur couronnement. Il ne faut pas l'oublier.

Je ne vous ai donné que quelques arguments parce que je n'aurai pas le temps de dresser un inventaire[19] précis de tout ce qui donne leur puissance aux baleiniers. Mais laissez-moi ajouter quelques questions et quelques chiffres qui seront bien plus convaincants qu'une longue démonstration. À votre avis, pourquoi la Hollande avait chargé des amiraux de gérer ses flottes* de baleiniers ? Pourquoi Louis XVI, roi des Français, a-t-il armé avec son propre argent des baleiniers à Dunkerque et a-t-il invité dans cette ville du Nord de la France une trentaine de familles de notre île de Nantucket ? Pourquoi dans les années 1760, la Grande-Bretagne a-t-elle versé à ses baleiniers des primes allant jusqu'à un million de livres ? Et enfin, pourquoi, nous, les baleiniers d'Amérique,

---

19. Inventaire : liste.

sommes plus nombreux que la totalité des baleiniers des autres pays ? Pourquoi avons-nous une flotte de sept cents bateaux avec dix-huit mille hommes ? Pourquoi chaque navire vaut vingt millions de dollars et rapporte sept millions de dollars ? N'est-ce pas là suffisamment de preuves que les baleiniers enrichissent les pays ?

Vous admirez également les explorateurs, n'est-ce pas ? Leurs récits de voyage, tellement aventureux et exotiques, vous émerveillent. Eh bien, sachez que la plupart des terres ont été défrichées[20] par des chasseurs de baleines, de nombreux capitaines, dont personne ou presque ne connaît le nom, ont été beaucoup plus valeureux que le capitaine Cook[21], connu de tous. Ce sont eux qui ont osé conquérir l'Australie. Ce sont eux, encore, qui ont ouvert la communication avec les colonies espagnoles d'Amérique du Sud, permettant la libération du Chili, de la Bolivie et du Pérou.

Tous ces marins aventuriers ont certes un travail pénible, désagréable à certains moments, cruel aux yeux de la plupart des gens, mais leur courage est immense, surtout lorsqu'il s'agit de chasse au cachalot. Car c'était là, la chasse la plus dangereuse.

Les plus courageux partaient pour les mers du Sud, qui sont infestées de requins. Ils n'y allaient pas pour confronter leur force à celle des requins, mais pour trouver des cachalots, les plus gros mammifères marins. À leur retour, ces hommes qui n'avaient peur de rien racontaient leurs aventures aux habitués de la chasse à la baleine du

---

20. Défricher : rendre apte à la culture.
21. Capitaine Cook (1728-1779) : navigateur et explorateur britannique.

Groenland, qui les écoutaient comme des enfants écoutent des contes assis le soir près de la cheminée, totalement fascinés et parfois terrifiés.

Parmi les cachalots, il y en avait un hors du commun. Les chasseurs de baleine l'avaient surnommée Moby Dick, la baleine blanche. Elle était énorme et vivait à l'écart des autres cachalots qui, normalement, vivent en groupe. Très peu de marins connaissaient ce monstre solitaire. Et moins encore l'avaient attaqué en sachant qu'ils attaquaient Moby Dick.

Les marins qui l'ont combattu ont tous ressenti la même terreur. C'est normal, la chasse au cachalot donne lieu à des scènes très violentes où ces animaux font preuve de beaucoup de ruse et de méchanceté. Comment, dès lors, des marins qui n'avaient pas entendu parler de Moby Dick pouvaient-ils savoir que cette baleine était la plus terrifiante de toutes ?

Sa taille dépassait celle de tous les individus de son espèce, qui est déjà l'espèce la plus grande des cétacés, et la plus rusée. De nombreux bateaux, qui ne savaient pas à quoi s'attendre avec cet animal en particulier, avaient mis les pirogues à la mer. Or la bête avait l'habitude de plonger puis de faire volte-face pour foncer sur les pirogues. Dans ces cas-là, les harponneurs ne s'en sortaient pas avec une jambe cassée, un bras égratigné ou quelques plaies en sang. Oh, non ! L'attaque était presque toujours mortelle ! Seuls de rares survivants, repêchés plus loin par d'autres baleiniers, avaient pu transmettre ces histoires qui paraissaient incroyables.

On peut donc facilement comprendre que, parmi les récits des pêcheurs, des croyances, des histoires fantastiques et des superstitions venaient se mêler à la réalité pour la rendre encore plus effrayante. C'est ainsi que Moby Dick nourrissait les rumeurs. Avec le temps, il n'est pas surprenant que les bruits qui couraient sur Moby Dick soient devenus délirants.

On racontait que Moby Dick, le cachalot blanc, pouvait se dédoubler. Des marins qui chassaient la baleine du Groenland l'auraient aperçu et quelques jours plus tard des marins qui naviguaient dans le Pacifique l'auraient également croisé. Cet animal gigantesque capable d'aller en quelques jours du pôle Nord au Pacifique avec des harpons plantés dans les flancs* paraissait tout simplement surnaturel[22] ! Et pourtant, ce n'est pas parce que l'homme ne peut franchir ces distances à cette vitesse que la baleine n'en est pas capable. Était-ce une folie, une légende, ou était-ce la réalité ? On ne le sait pas. Mais on sait que les cachalots sont si puissants qu'ils parcourent des centaines de kilomètres à une vitesse inimaginable pour l'homme. De plus, ils naviguent dans les profondeurs et ne sont dérangés ni par les rochers, ni par les blocs de glaces, ni par les vents et les tempêtes, ce qui leur donne un avantage considérable sur les marins et leurs bateaux. Les marins ont beau être nombreux et armés, ils dépendent du relief et des éléments. C'est pourquoi certains baleiniers ont supposé que le passage du Nord-Ouest, longtemps impossible à traverser pour l'homme, n'a jamais représenté un problème pour les baleines.

Certains y voyaient là la supériorité de l'animal sur l'homme tandis que d'autres, la majorité, croyaient que Moby Dick avait des pouvoirs surnaturels. Ils allaient jusqu'à imaginer que le cachalot blanc était immortel.

---

22. Surnaturel : supérieur au monde terrestre.

Malgré ces superstitions, et bien que connaissant la violence du monstre, des marins prêts à tout s'engageaient pour chasser Moby Dick. D'autres le combattaient sans hésiter s'ils le rencontraient, parce qu'ils ne s'intéressaient pas aux histoires surnaturelles, aux légendes ou aux superstitions. Pourtant, même ceux-là étaient perturbés à la vue du cachalot blanc.

De tous les cachalots, il était le plus monumental. De tous les cachalots, il était le plus puissant. De tous les cachalots, il était le seul à être entièrement blanc. Sa tête semblait déformée par un front étrangement ridé, sa peau était blanche comme la neige. Une bosse haute en forme de pyramide, blanche également, donnait à ce monstre marin un caractère unique. Du Nord au Sud, Moby Dick est le seul cachalot d'une telle blancheur, reconnaissable parmi tous les autres.

Sur ce corps tout blanc, des rayures et des taches blanches elles aussi se détachaient et lui donnaient une allure de fantôme des eaux, surtout vers midi, à l'heure où les rayons du soleil transforment la surface de l'océan en une étendue d'étoiles brillantes. À cette heure si particulière, quand ce gigantesque fantôme filait à la surface des flots, on aurait dit qu'il traversait la Voie lactée.

Toutefois, plus que sa taille démesurée, plus que sa mâchoire déformée ou sa couleur fantomatique, c'était surtout son comportement qui terrifiait. La baleine blanche avait en effet démontré dans de nombreuses attaques qu'elle était capable de la pire méchanceté. Elle s'éloignait de ses attaquants, qui se croyaient alors vainqueurs, puis elle revenait soudain pour foncer sur eux et briser leurs pirogues, les obligeant à remonter sur leur bateau, s'ils le pouvaient encore !

Un jour, l'animal déchaîné, dans sa fureur, a brisé trois pirogues. Le capitane, hors de lui[23], a attrapé un couteau et a sauté sur sa tête. Ce capitaine avait l'espoir fou de lui arracher le cœur. Ce capitaine agissait sous le coup d'une impulsion passionnée après avoir vu ses hommes mourir dans d'atroces conditions. Ce capitaine, secoué par la fureur[24] de la baleine, a glissé, la mâchoire du monstre s'est ouverte et a déchiré la jambe du capitaine. C'était le capitaine Achab.

Remonté à bord par le reste de l'équipage et obligé de rentrer à Nantucket, Achab a vécu des mois interminables, des jours sans fin. Jour et nuit, allongés dans son hamac*, lui et son angoisse ne faisaient qu'un. Sa fureur et sa souffrance étaient telles qu'il en devenait totalement fou. Sa fureur et sa souffrance étaient telles que ses hommes d'équipage ont dû l'attacher à son hamac.

Dans cet état, il est passé au large de la Patagonie. Puis, arrivé dans les eaux équatoriales, plus douces, plus calmes, plus chaudes, il s'est apaisé en apparence. En réalité, il a développé une véritable folie intérieure. Une violente fureur qu'il a cachée pour pouvoir reprendre le commandement du navire.

Ensuite, des armateurs cupides ont peut-être confié leur bateau au capitaine Achab en pensant que la perte de sa jambe lui donnerait la violence nécessaire à tout chasseur de baleine. Mais, j'en suis sûr, ils ne devaient pas se douter du vrai but d'Achab, tout entier tourné vers sa vengeance. Et même à bord, les premiers mois du voyage, le capitaine Achab, évitant de se montrer, a su dissimuler sa volonté à son équipage.

---

23. Hors de lui : très en colère.
24. Fureur : colère très forte.

5. LA PIÈCE D'OR

STARBUCK, le premier second, avait raison, tout au moins durant les premiers mois de navigation. Du capitaine Achab, nous n'entendions que les pas claquer sur le pont la nuit alors que nous tentions de dormir dans nos hamacs.
Le jour, l'équipage luttait contre le froid, le vent piquant des mers gelées. Nous avions largué les amarres le jour de Noël, les cales pleines de nourriture et d'objets, et il nous a fallu du temps pour atteindre un climat plus agréable. Près des côtes brésiliennes, sur la ligne de l'Équateur, déjà, la chaleur nous enveloppait. C'est toutefois à cette période que mon ami Queequeg a eu des fièvres au point de se faire construire un cercueil-bouée pour mettre son corps à l'eau, comme cela se fait dans son pays lorsqu'on meurt. Mais il était plus fort que la maladie. Quelques semaines plus tard, comme nous allons le voir, lui et les autres harponneurs allaient donner la preuve de leur courage.

Pendant que Queequeg luttait pour survivre, nous suivions le chemin des baleines qui, à cette saison, nagent en groupe vers les eaux orientales[25], plus fraîches.
C'est là que le capitaine a commencé à faire des apparitions sur le pont. Il ne dormait pas, il faisait des calculs, nuit et jour, avec son compas*, analysait les signes pour suivre la route des cétacés et surtout celle de Moby Dick. Plus les eaux devenaient lisses, plus le capitaine semblait fiévreux, agité par la chasse imminente[26]. Il n'avait pas l'air de

---
25. Oriental : vers l'Est.
26. Imminent : qui va bientôt avoir lieu.

vouloir profiter de la douceur de l'air, non, il guettait[27] nerveusement, observait les eaux. J'en suis le témoin, cet homme sans sommeil avait de la folie dans les yeux.

Un matin très tôt, après son petit-déjeuner, Achab est monté sur le pont. Rien d'étonnant pour un capitaine. C'est là que vont se promener tous les capitaines le matin, pour prendre l'air, réfléchir à leur journée. Comme les gens qui habitent près des forêts vont faire un petit tour dans les bois, ou les gens qui vivent à la campagne se baladent dans les champs. Les hommes sont ainsi. Ils apprécient ces moments de solitude.

Mais ce n'était pas l'habitude d'Achab. Oh, non ! Achab marchait de nuit, lors de ses insomnies. Nous l'entendions aux heures où nous étions censés nous reposer dans nos hamacs. Il marchait de long en large, sa jambe taillée dans la mâchoire de son ennemi claquait violemment sur le pont. À tel point qu'un jour, Starbuck agacé par ce claquement lui avait demandé d'en protéger le bout avec un tissu. Que n'avait-il pas demandé ! Achab l'a insulté et ne lui a pas laissé dire un mot de plus, en le menaçant de le frapper avec cet os qui lui servait de jambe ! Achab semblait apprécier le claquement de sa jambe qui marquait chaque nuit de son empreinte angoissante le bois du pont.

Or, ce matin-là, ses pas avaient l'air de s'enfoncer plus profondément. Chacun d'eux marquait plus fort le chemin parcouru du grand mât au gaillard* arrière et du gaillard arrière au grand mât. Et cela sans cesse, formant une boucle sans fin. Son front était tellement ridé, son air tellement soucieux que si vous l'aviez regardé avec

---

27. Guetter : surveiller de près.

beaucoup d'attention, vous auriez sans aucun doute pu voir son projet de vengeance tourbillonner sans s'arrêter dans sa tête. Le mouvement de son corps boîteux[28] reprenait exactement le mouvement de son âme prête à exploser.

– Regardez-le, dit Stubb à Starbuck, il porte un poussin en lui et ce poussin tourne dans sa coquille, il frappe et va bientôt en sortir.

Toute la journée, Achab a continué ce parcours entre sa cabine et le pont. Il montait, marchait, regardait, redescendait, puis remontait sans arrêt, dans un mouvement de va-et-vient continu. Plutôt qu'une marche méditative, c'était comme l'annonce d'une tempête. Sa nervosité augmentait. Soudain, il s'est arrêté, a bloqué sa jambe d'ivoire. Et, se tenant à une corde, il a ordonné à Starbuck de réunir tout l'équipage à l'arrière du navire.

– Capitaine ! s'est écrié le second tellement surpris par cet ordre qui n'était jamais donné ou tout à fait exceptionnellement.

– Tu m'as bien entendu ! Tout le monde à l'arrière ! a-t-il répété. Descendez des mâts, vous qui êtes là-haut !

Les hommes se sont tous regardés les uns les autres, à la recherche d'une explication. Une fois réunis, ils ont tourné leurs regards vers Achab. Ils étaient curieux et en même temps, la peur commençait à les envahir comme si, à l'horizon, une terrible tempête s'annonçait. Quant à Achab, il leur a lancé un regard transperçant puis il a repris sa ronde, comme s'il était seul sur le pont. Il a continué sa marche ainsi un bon moment sans prêter attention aux murmures des hommes qui s'étonnaient de plus en plus. Starbuck, ironique, a chuchoté :

---

28. Boîteux : qui marche en penchant son corps d'un côté ou de l'autre.

– Il nous a réuni pour qu'on admire sa démarche...
Quand Achab s'est brusquement arrêté et s'est exclamé :
– Hommes, comment réagissez-vous quand vous voyez une baleine ?
– Nous crions ! a répondu une vingtaine d'hommes d'une seule voix.
– Parfait ! a répliqué Achab avec satisfaction. Et après, que faites-vous ?
– On jette les pirogues à la mer, et on la pourchasse !
– Et quand vous la pourchassez, quelle est votre devise ?
– Morte baleine ou pirogue perdue !

L'excitation des hommes augmentait, et en même temps, le visage du vieux capitaine infirme[29] affichait une joyeuse cruauté. Mais les marins, tout de même inquiets, échangeaient des regards entre eux. Ils avaient l'air de se demander si c'étaient bien eux qui avaient répondu en criant ainsi.

Et pourtant, ils ont écouté leur capitaine avec encore plus d'attention lorsqu'il leur a de nouveau parlé :
– Vous qui me connaissez, vous m'avez, plusieurs fois, entendu donner des ordres au sujet d'une baleine blanche, n'est-ce pas ?
– Oui, crièrent les hommes qui avaient déjà navigué avec Achab.
– Alors, vous tous, qui êtes ici réunis, regardez bien ! Vous voyez cette pièce ? Il a levé une grande pièce d'or vers le soleil si bien que les hommes en ont été éblouis, et il a continué : Elle vaut seize dollars ! Vous m'entendez bien, les gars ? Monsieur Starbuck, passez-moi la masse[30], qui est là, à côté de vous...

---

29. Infirme : handicapé.
30. Masse : gros marteau de bois ou de métal qui sert à enfoncer des piquets.

Pendant que le second attrapait la masse, Achab frottait soigneusement la grande pièce d'or sur sa veste.

Puis il a pris la masse dans une main et il l'a levée, il a avancé vers le grand mât. Dans l'autre main, il brandissait la grande pièce d'or en criant :

— Celui qui le premier apercevra la baleine à la mâchoire de travers, la baleine au front ridé, la baleine au corps marbré de blanc, la baleine dont la queue est percée de trois trous, la baleine qui porte des harpons enfoncés dans le flanc ! Écoutez tous, écoutez-moi ! Celui qui le premier alertera, qui le premier criera « Elle souffle ! », celui-là recevra cette grande pièce d'or.

Et d'un coût de masse sec et violent, il a cloué la pièce au grand mât.

— Hourra, hourra ! ont hurlé les marins en agitant leurs mains pour montrer leur motivation face à cet or qui leur était promis.

— Cette baleine est un cachalot blanc, ne l'oubliez pas ! Un cachalot blanc ! répéta-t-il en jetant la masse sur le sol. Regardez l'eau jusqu'à en perdre les yeux, regardez l'eau pour voir si elle blanchit, et s'il vous semble apercevoir la moindre bulle, alertez l'équipage !

Certains marins, dont Queequeg faisait partie, l'ont fixé avec plus de surprise que les autres, sursautant à chaque évocation des particularités du cachalot, le front ridé, le corps marbré[31], la queue percée, les harpons enfoncés !

— Capitaine, a interrogé un marin, ce cachalot blanc, est-ce lui que l'on appelle Moby Dick ?

— Moby Dick, a hurlé le capitaine Achab, alors, comme ça, vous connaissez Moby Dick ?

---

31. Marbré : avec des traits de couleurs différentes (ici, différentes nuances de blanc).

– Est-ce lui qui agite la queue comme un éventail et se redresse tout droit avant de plonger à la verticale ? demanda un autre marin.
– Est-ce lui qui a un souffle étrange, puissant et rapide ? a ajouté un autre.
– Il a un, deux, trois, quatre... et plus du fer dans le corps ? s'est écrié Queequeg. Le fer est torti, torté, tortu, tordu... comme, comme... ne trouvant pas ses mots, il montrait avec la main le geste que l'on fait pour déboucher une bouteille. Comme, comme...
– Un tire-bouchon ! C'est bien ça. Oui, Queequeg, tu as raison, il porte dans le corps des harpons tout tordus comme des tire-bouchons. Oui et oui, vous avez raison, il a un souffle étrange et il est blanc comme la laine des moutons de Nantucket. Oui, avant de plonger à pic, il secoue la queue comme une voile déchirée dans la tempête. Vous tous, marins, qui l'avez déjà rencontré, vous savez qui est Moby Dick, le cachalot blanc reconnaissable entre tous. L'unique. Vous l'avez déjà vu ! Moby Dick... Moby Dick !
– Capitaine, l'a interrompu Starbuck, est-ce Moby Dick qui vous a rendu infirme ?
– Qui te l'a dit ? Achab s'est tu un instant et a repris. Oui, Starbuck, tu dis vrai. C'est bien cette baleine qui m'a rendu infirme. Elle m'a pris ma jambe et m'a laissé avec ce bout de jambe en sang. Écoutez bien, les gars, oui, c'est Moby Dick, cette maudite baleine qui m'a arraché une partie de la vie. Oui, a-t-il hurlé en pleurant, un pleur plein de violence et de haine, un pleur terrible d'un homme touché au cœur. Oui, c'est cette maudite baleine blanche qui a fait de moi un boîteux pour toujours. Et je la poursuivrai plus loin que l'enfer ! Pour chasser ce cachalot blanc, je parcourrai les mers du Nord au Sud et d'Ouest

en Est. Et vous allez le faire avec moi, c'est pour cela que vous êtes là ! Serrons-nous les mains. Montez en haut des mâts ! Celui qui le verra le premier, celui-là, aura l'or ! Mais avant, croisons nos harpons et buvons !

Les harponneurs ont formé un cercle. Chacun a tendu son harpon de manière à ce que tous les fers se croisent au centre.

– Passez-moi la coupe, a ordonné Achab.

Et il a bu, et il a passé la coupe à chacun des harponneurs réunis pour cette folle cérémonie.

Comme des chevaliers chasseurs de cétacés, excités par l'argent et le combat qui nous attendaient, nous avons bu le vin dans une coupe en étain. La folie du vieillard avait atteint tout l'équipage.

Seul Starbuck avait l'air hésitant.

– Qu'as-tu Starbuck ? lui a demandé Achab. Tu ne veux pas affronter Moby Dick ?

– Je suis d'accord pour attaquer sa mâchoire tordue comme les mâchoires de la mort si elle se présente pendant le travail que nous faisons. Mais moi, je suis venu pour chasser les baleines, pas pour venger mon capitaine. Combien de barriques d'huiles gagneras-tu de ta vengeance ? Pas plus qu'avec une autre baleine sur le marché de Nantucket. Le second a continué, plus bas : Se venger d'un monstre muet qui a agit par instinct[32], c'est de la folie pure. Se mettre dans une colère folle contre un animal, c'est un sacrilège !

– Ne me parle pas de sacrilège[33]. Qui est au-dessus de moi ? Je frapperais le soleil, s'il m'insultait ! Mais oublie cela, je ne voulais pas te choquer. Regarde plutôt ces

---

32. Instinct : comportement naturel qui ne vient pas d'un enseignement.
33. Sacrilège : acte qui va à l'encontre du sacré.

hommes ! Comme ils sont motivés ! Regarde et constate, ils ne font qu'un avec Achab. Ils ne font qu'un contre la baleine blanche. Allez, viens trinquer avec les autres.

J'ai trinqué avec les autres, moi aussi. J'ai été emporté par l'excitation, moi aussi. Et je n'ai fait qu'un avec Achab. Mais après avoir bu, un sentiment de doute et de crainte m'a envahi. Pourquoi m'étais-je embarqué sur cet inquiétant navire mené par un capitaine qui avait perdu la raison depuis longtemps ?

6 LA FOLIE D'ACHAB

LES PUPILLES BRÛLANTES, le visage rougi par l'agitation, Achab est redescendu dans sa cabine tout de suite après avoir bu, laissant sur le pont l'équipage enflammé. Il se tenait la tête, les poings fermés et s'est mis à se parler à lui-même.

– Le soleil décline lentement, il va bientôt disparaître tandis que mon âme s'élève. Que cette montée est longue et difficile. Peut-être est-elle trop pesante ? C'est sans doute à cause de la couronne que je porte, une lourde couronne en or couverte de pierres précieuses. Mais je ne sais pas pourquoi, je sens que cette couronne me rend confus. Ah ! Je la vois, c'est du fer... pas de l'or. Elle est cassée. Ses pics entrent dans ma peau et me blessent. Mon cerveau souffre, il saigne. Ma tête est de fer, plus besoin de lutter. Mon front brûle. À une époque, la douce lumière l'éclairait. C'est fini. Aujourd'hui, la beauté m'angoisse, elle est insupportable.

J'avais imaginé qu'il serait plus compliqué de les convaincre. Cela n'a pas été si difficile. Un peu d'or, de l'alcool, des cris, de l'agitation... seul Starbuck a essayé de résister, mais à peine, un peu, sans beaucoup de révolte. Quelques paroles ont suffi à lui faire suivre les autres. Ils sont face à moi comme de la poudre à canon[34] et moi, je suis l'étincelle. Je brûle. Je communique la flamme. J'ose ! Ce que je veux, je le ferai ! Ils me croient fou ! Ah ! Ah ! Ils ont tort ! Je suis satanique ! Je suis la folie furieuse elle-même ! Les prédictions veulent que je sois mortellement blessé ! Eh bien, moi, je prédis que c'est moi qui vais

---
34. Poudre à canon : matière explosive utilisée dans les armes.

mortellement blesser. Vous m'avez abattu et je me suis relevé. Mon chemin est tracé, aucun obstacle ne pourra m'empêcher d'avancer. Rien ni personne ne m'arrêtera.

Les jours passaient, Achab restait tout entier occupé par son obsession. Il tournait sur le pont, regardait l'horizon, puis redescendait dans sa cabine où il mesurait et remesurait méthodiquement. Si vous aviez pu le suivre à bord, vous l'auriez vu dans sa cabine, chaque soir, ouvrir un grand coffre et en sortir des rouleaux de cartes. Parfois il étudiait de vieux livres jaunis par le temps, parfois il traçait des traits à des endroits encore inexplorés. Et puis, le jour suivant, il effaçait et recommençait. Au-dessus de sa tête, la lampe à huile se balançait au rythme des vagues, dessinant sur son front des zones de lumière et des zones d'ombres qui accentuaient ses rides et les projetaient sur les cartes. Si bien que les cartes des quatre océans, elles aussi, paraissaient étrangement ridées.

Vous pensez sans doute que chercher un seul cétacé dans quatre immenses océans, cela n'a pas de sens ? Eh bien, sachez qu'Achab n'était pas de cet avis. Il connaissait les habitudes de l'animal, sa nourriture favorite, les mouvements des courants marins et des marées. Il était donc capable de prévoir dans quelle direction serait transportée la nourriture du cachalot. Sachant où il était passé les années précédentes, cela peut sembler incroyable, mais il pouvait presque savoir à quel endroit trouver sa proie.

Si on réfléchit bien, ce n'est pas étonnant. Les cétacés, tous les chasseurs de baleines le savent, voyagent en suivant les saisons comme le font certains bancs de poissons et les oiseaux migrateurs. On ne l'a pas étudié avec précision, mais si l'on comparait les carnets de bord de toute la flotte baleinière, il est évident que l'on pourrait prouver qu'ils reviennent toujours aux mêmes endroits.

C'est avec cette certitude qu'Achab travaillait nerveusement des heures durant, seul, dans sa cabine, de nuit comme de jour. Il savait que Moby Dick avait été aperçu dans les mêmes régions, aux mêmes époques de l'année, suivant toujours la même voie, comme le soleil suit toujours le même parcours. Ainsi, il pouvait espérer trouver sa proie, soit dans les eaux où elle trouvait sa nourriture, soit sur son chemin entre ces eaux. Et bien sûr, grâce à ses analyses et à ses calculs, il était capable d'estimer à quelques centaines de kilomètres près où et quand la retrouver. Et c'était dans les eaux où il l'avait déjà combattue qu'il voulait l'attaquer à nouveau, au large de l'Équateur, au moment de notre hiver, parce qu'à ce moment de l'année, les cétacés viennent profiter de l'eau qui y est plus chaude.

Il avait sûrement prévu notre vrai trajet depuis le départ. Mais, pour ne pas dévoiler aux armateurs son projet de folle vengeance, il avait d'abord annoncé que nous allions passer par le Cap Horn pour rejoindre le Pacifique. C'était le chemin le plus court, le plus évident pour aller chasser les baleines. Nous avons donc descendu l'océan Atlantique vers le Sud et, arrivé au niveau des côtes brésiliennes, il a décidé de changer la trajectoire et de se diriger vers l'Est, vers l'Afrique, le Cap de Bonne Espérance, l'océan Indien pour atteindre l'océan Pacifique en passant par l'Asie. Ce parcours était beaucoup plus long et c'est ce qu'il cherchait. Il voulait en réalité mettre un an pour arriver sur la ligne de l'Équateur, en passant par les Philippines et le Japon, région riches en baleines. Nous avions donc le temps de chasser d'autres baleines et d'accumuler de l'huile avant de rejoindre la ligne de l'Équateur au moment de notre hiver. À cette époque de l'année, les eaux équatoriales sont l'endroit rêvé pour les cachalots. C'est là qu'il avait affronté Moby Dick et qu'il espérait le voir mourir un an plus tard.

Quant à savoir s'il allait le reconnaître parmi les autres de son espèce, cela ne faisait aucun doute. Et dans ses moments de solitude, comme pour se rassurer, il se rappelait : « J'ai moi-même troué les nageoires de ce monstre et je l'ai transpercé de plusieurs fers qui doivent toujours y être. Ces marques sont uniques. Je le reconnaîtrai avant même de l'avoir vu. »

Les mois passaient. Après le Cap de Bonne Espérance, nous avons traversé l'océan Indien et les mers asiatiques avant de longer les Philippines. Pour l'heure, les eaux étaient calmes, sans vagues, et peu profondes.

Un jour sans vent, le léger souffle chaud de l'air semblait

caresser les voiles. Le *Pequod*, entraîné par cet air délicat glissait sur l'océan. Il était, ce matin-là, d'une magnifique couleur argentée, lisse, limpide. L'immensité du bleu du ciel s'y reflétait. Entre le ciel et la mer régnait une douce harmonie.

Achab, qui sortait de plus en plus souvent, s'est mis à marteler le pont de son pas lourd. Il s'est arrêté au bout, appuyé à la rambarde, il s'est penché et a regardé vers le bas. Son visage ridé, rude, balafré, noué, maladif, obstiné se reflétait douloureusement sur la surface de l'eau si calme, si pure. Des mois, des années d'anxiété, d'envie de vengeance contenue formaient comme un masque impénétrable.

Et pourtant, ce jour-là était tellement beau et lumineux que sa force étrangement puissante a réussi à briser la dureté d'Achab. Comme si la lumière, à cet instant, avait le pouvoir de faire fondre les rides et la dureté afin de mettre à nu le visage de l'homme. Achab a versé une larme, une seule, une larme d'humanité qui est tombée dans l'eau. Cette larme d'Achab a rejoint le vaste et paisible océan.

Et Starbuck qui, quelques mètres plus loin observait son capitaine, a été touché par ce signe d'émotion. Achab s'est retourné et l'a interpelé :

— Starbuck, mon garçon, approche.

— Capitaine ?

— Starbuck, as-tu vu comme le ciel est tendre, comme la mer est calme aujourd'hui ? Il y a quarante-quatre ans, par un temps aussi doux, j'ai piqué ma première baleine. Est-ce que tu te rends compte ? Starbuck… Depuis quarante ans, le vieil Achab a quitté la terre pour affronter les monstres marins dans des océans sans pitié. Que de dangers affrontés, que de violence ! Quarante ans ! Quarante ans de harpons, de pirogues jetées à la mer, et de tempêtes ! Quarante ans de solitude ! Quarante ans de vie salée, de vie sans herbe verte, sans fruits à portée de main, sans soirées au coin du feu. Oui, Starbuck, sur ces quarante années, je n'ai passé que trois ans tout au plus sur la terre ferme. Le reste de ma vie est une vie d'esclave. Achab est enfermé dans une tour. Loin... si loin... de cette jeune femme que j'ai épousée. Loin de notre enfant... Si jeune... j'ai fait d'elle non pas une jeune mariée mais une jeune veuve, une jeune femme dont le mari n'est pas. Car Achab est absent, perdu dans sa chasse infinie. Perdu dans sa folie. Mon sang bout, ma tête fume, surtout depuis que Moby Dick m'a arraché la jambe... Ma souffrance est si grande que je délire sans cesse. Plus que jamais, je suis prisonnier de ma vengeance. Ah ! Starbuck, si tu savais comme je suis fatigué de cette vie ! Et aujourd'hui, Starbuck, la douceur de l'air me fait voir toutes ces années inutiles. Oui, je rêve de ma petite ville de Nantucket, de cette femme et de cet enfant qui m'attendent. Approche-toi, Starbuck, viens. Viens plus près, je vois dans tes yeux le reflet de mon fils, je vois ma femme... la tendresse abandonnée, la douceur oubliée.

— Bien sûr, Capitaine, moi aussi, j'ai laissé femme et enfant. Ma femme m'a promis que, chaque jour après la sieste, elle conduirait mon enfant tout en haut de la colline de Nantucket. Ils me verront, c'est sûr ! Ils me verront arriver au loin, le jour de mon retour ! Venez, Capitaine, cette décision est sage. Laissons cette chasse impossible, folle et meurtrière. Faisons demi-tour. Retournons sur notre petite île de Nantucket. C'est là que nous devrions être car c'est là qu'on nous attend. Capitaine, rentrons chez nous.

Alors que le capitaine Achab écoutait Starbuck, son regard a semblé, tout à coup, suspendu dans le vide, égaré dans les profondeurs infinies du ciel et de l'océan. Une étrange lumière a alors traversé les yeux du vieux capitaine. La paix inhabituelle qui l'avait envahi un moment était partie. Elle s'était envolée, avait disparu dans l'air, comme une fumée. Il avait retrouvé son front ridé, marqué, blessé, inquiet, obsédé par l'apparition qu'il attendait. Ce n'était pas son île, sa femme, son enfant, c'était Moby Dick.

7 LE NAUFRAGE

*E*NFIN NOUS GLISSIONS sur l'océan Pacifique, cette mer du Sud, tant attendue, tant espérée. Mon rêve d'enfant se réalisait. J'avais atteint le centre du monde, car on dit que l'océan Pacifique est le corps des océans tandis que l'océan Atlantique et l'océan Indien n'en sont que les bras. C'est dans cette région et à cette époque, peu de temps avant notre hiver, que l'on trouvait le plus de baleines. Dans les eaux peu profondes, elles se nourrissaient d'algues ou plus loin, cherchaient les calamars. Voir ces plantes ou ces animaux étaient pour nous un signe. Nous devions être extrêmement vigilants.

Les hommes, les uns après les autres, montaient en haut des trois mâts. Moi, j'étais un mauvais observateur, perché au sommet du gigantesque mât, je n'ai rien vu. C'est un autre matelot, plus expérimenté, qui a aperçu les premiers cétacés. Chacun savait ce qu'il avait à faire.

Des cris d'alerte ont été poussés, des baleinières* ont été mises à l'eau. Sur ces pirogues, les hommes guettaient les baleines avec leur harpon ; celles-ci s'enfuyaient au plus profond de l'océan. Il fallait parfois attendre une vingtaine d'heures pour les voir réapparaître. Quand elles remontaient à la surface, enfin à ce moment-là, les harponneurs lançaient leurs fers, qui s'enfonçaient dans la chair de ces géants. Tenues par les fils des harponneurs, les baleines blessées finissaient par se retourner en mourant. Les harponneurs grimpaient sur leur dos pour les remorquer jusqu'au bateau.

On allumait alors les fourneaux pour faire fondre la graisse et récupérer la précieuse huile que l'on stockait dans des barils au fond de la cale.

Les jours de chasse, nous mangions des steaks de baleine grillés. Nous fêtions notre victoire malgré l'épuisement, lorsque, parfois, le vent n'avait pas trop soufflé et que les baleines ne s'étaient pas trop défendues. Parfois aussi, la tempête grondait ou l'animal se déchaînait, et nos vies étaient alors en danger.

Peu à peu les cales se remplissaient, notre richesse grandissait. Mais un matin, après avoir fait un tour dans les cales, Starbuck a alerté le Capitaine Achab.

– Capitaine, il faut s'arrêter pour décharger les tonneaux. L'huile coule dans la cale. Nous ne savons pas d'où vient la fuite.

– Retourne à ta place. Pour rien au monde, nous ne nous arrêterons si près du but.

– Si près de quel but, capitaine ? Nous risquons de perdre en une seule journée l'huile que nous avons réunie pendant des mois de travail, des mois de navigation ! Tout ce que nous avons mis vingt mille milles à produire doit être sauvé !

– Ce sera ainsi, ce sera ainsi, si nous l'attrapons...

– Je voulais parler de l'huile dans la cale, capitaine.

– Et moi, je ne voulais pas en parler. Retourne sur le pont. Laisse couler l'huile.

– Que penseront les armateurs si nous rentrons les cales vides ?

– Achab se moque de ce que penseront les armateurs si nous rentrons les cales vides. Achab est le capitaine. Le seul chef du *Pequod*. Et Achab décide de continuer.

– Achab ferait mieux de se méfier d'Achab ! finit par dire Starbuck en colère.

Et je ne sais pas si le capitaine a ensuite retrouvé la raison ou s'il a voulu cacher son vrai but, mais il a ordonné d'arrêter le navire et de décharger les tonneaux afin de trouver la fuite et de sauver cette huile précieuse.

Malgré cette décision qui lui faisait perdre du temps, Achab a ensuite poursuivi son insensé projet. Au large de l'Asie, dans les eaux où les groupes de cétacées sont nombreux, nous avons croisé un certain nombre de bateaux. À chaque fois, comme c'est la coutume, les capitaines nous envoyaient des signaux pour inviter notre capitaine. Chacun lui racontait alors son aventure ou sa mésaventure. Il y avait ceux qui rentraient les cales remplies d'huile précieuse, le cœur ravi ou ceux qui pleuraient leurs pertes et leurs blessures. Les uns et les autres voulaient partager leurs joies et leurs peines. Face à leurs récits, cependant Achab restait insensible. Une seule question le brûlait :

– Avez-vous vu Moby Dick ?

Personne n'avait vu la baleine au front ridé. Seulement un jour, nous avons rencontré un navire nommé le Rachel. Et, dans la description que faisait son capitaine d'une scène de naufrage de baleinières où il avait vu ses fils mourir, Achab a tout de suite reconnu le monstre marin.

– C'était Moby Dick, s'est-il écrié. Une baleine blanche, presque irréelle, avec une bosse.

– C'était peut-être elle, a répondu le capitaine.

– Une géante rusée avec des harpons au milieu du corps ? a encore interrogé Achab.

– Oui, c'est ça !

– Cela ne fait aucun doute. C'était bien elle. Les fers, c'est moi qui les ai plantés dans son flanc lors de notre dernière bataille il y a presque deux ans. Et elle va bientôt mourir parce que je vais la retrouver pour finir de la tuer. Enfin, je vais pouvoir me venger.

Le capitaine Achab, sans attendre la fin du récit, sans répondre au capitaine du Rachel qui avait perdu beaucoup d'hommes et ses fils à cause de Moby Dick, sans écouter ses conseils de ne pas faire comme lui, de ne pas mettre en danger sa vie et celle de son équipage, sans rien écouter d'autre que son instinct et sa haine, le capitaine Achab s'est empressé de quitter ses hôtes pour remonter sur le *Pequod*. Une heure après, nous faisions cap dans la direction que le capitaine du Rachel avait indiquée sur la ligne équatoriale.

C'est là que la tempête nous a surpris, violente, impitoyable. La pluie frappait, le vent arrachait, les éclairs, qui transperçaient le ciel, sont venus s'abattre sur les voiles. Elles ont pris feu. Au milieu de cet ouragan, le bateau n'était plus qu'un volant que s'envoyaient les gigantesques vagues.

Heureusement, même si elles peuvent sembler annonciatrices d'un désastre, les tempêtes sont passagères. La pluie, le vent, le feu se sont apaisés. Nous avons hissé de nouvelles voiles avant que le vent tourne et se mette à souffler dans notre dos.

Quelques jours plus tard, pendant la nuit, alors qu'Achab, le regard sauvage, observait avec insistance l'horizon, il s'est mis à sentir l'air. Tel un chien de bord* qui renifle au loin une île sauvage, il a tout de suite dit qu'une baleine devait nager dans ces eaux au moment où personne n'avait encore rien remarqué d'autre que la mer d'huile et le scintillement[35] des étoiles. Mais en effet, peu après nous avons tous senti l'odeur très particulière du cachalot vivant. Achab, avec son compas,

---

35. Scintiller : briller d'un éclat vif.

vérifiait ses calculs. Il savait sans doute exactement où l'animal devait se trouver car, assez rapidement, il a ordonné de diminuer les voiles pour ralentir et dévier la trajectoire. Au lever du soleil, il a ordonné de réveiller l'équipage. Les hommes à peine habillés arrivaient sur le pont en courant et se penchaient pour observer l'eau dans toute sa profondeur. Une longue masse huileuse glissait sous l'eau, comme une sage caresse offerte à l'océan Pacifique.

– En haut des mâts, vous ne voyez donc rien ? a crié Achab.

Il a fait descendre un des hommes, celui qui était sur le plus haut mât. À son tour, Achab est monté. Mais à mi-chemin, il s'est arrêté pour regarder et soudainement il s'est écrié :

– Elle souffle, elle souffle ! Le front ridé, la bosse blanche comme la neige, c'est Moby Dick ! Préparez les baleinières !

Achab avait repéré son ennemi.

La prévision d'Achab était donc juste. Et il l'avait repéré le premier, en tout cas, c'est ce qu'il criait à tous. Il était le seul à l'avoir vu le premier et c'est à lui que reviendrait la pièce d'or, à lui seul.

Tout s'est ensuite accéléré.

Des ordres ont été hurlés, les harponneurs et les rameurs sont montés dans les baleinières, qui ont été jetées à la mer. La poursuite a commencé.

La baleine glissait lentement dans l'océan, divine, mystérieuse, immortelle. Son calme apparent était majestueux et d'une douceur incomparable. Des oiseaux blancs tournaient autour d'elle, les vagues étaient délicates, l'eau si calme qu'on aurait dit un tapis déroulé pour une reine. C'est sans doute à cause de cette tranquillité trompeuse que de nombreux marins ont attaqué Moby Dick sans se méfier. Moby Dick, invisible par ruse, mâchoire invisible, front ridé invisible. Les harponneurs prêts à envoyer leurs fers, étaient réellement troublés par cet air paisible. Seul Achab, si près de sa vengeance, restait enflammé. D'un coup, il a communiqué sa flamme en ordonnant de lancer les harpons. Mais à cet instant la géante créature marine s'est retournée et elle a plongé, emportant, dans son tourbillon, des hommes, des fils et des harpons.

Les rameurs et les harponneurs qui ne s'étaient pas noyés sont remontés à bord. Dès le lendemain, de nouveaux fers ont été forgés[36], de nouvelles baleinières ont été mises à la mer. Achab guettait ; l'animal, qui se savait menacé, disparaissait de plus en plus longtemps. Durant des heures, le silence de la mer a pesé sur les hommes, mais plus pesant encore était le souffle lointain de l'animal lorsqu'il réapparaissait. Les pirogues se rapprochaient avec difficulté car aucun vent ne les aidait à rejoindre leur proie.

Après trois jours et trois nuits, alors que les hommes encore vivants commençaient à fatiguer, Starbuck, qui était resté maître du *Pequod*, a remarqué le vol des oiseaux. Ils s'agitaient, tournaient au-dessus de la pirogue d'Achab. Le vieillard n'a pas pu voir sous sa pirogue l'animal qui se rapprochait à une vitesse étonnante. Soudain, la créature divine a surgi des ténèbres de l'océan. Sa masse plus lourde, plus puissante que jamais a jailli hors de l'eau puis, en retombant, l'immense queue s'est violemment abattue sur les baleinières, les brisant comme un tremblement de terre aurait détruit des tours. Les hommes, avec leur cupidité, leur cruauté, leur soif de vengeance et de pouvoir,

---

36. Forger : fabriquer un objet métallique.

ont été aussitôt engloutis, Achab le premier. Moby Dick est ressortie une dernière fois pour s'abattre sur le *Pequod*, qui a coulé avec le reste de l'équipage.

Moi, je ramais à l'arrière de la baleinière la plus éloignée, j'étais donc plus loin du désastre. Seul dans l'eau, j'ai survécu grâce au cercueil-bouée que mon ami très cher, Queequeg, avait fait construire. Au lieu de transporter son corps vers un autre monde, il a emmené le mien vers une nouvelle vie. Deux jours après le naufrage du *Pequod*, j'ai croisé le Rachel. On m'a repêché. Moi, seul survivant d'un combat sans espoir provoqué par un fou plein de haine, j'ai pu vous raconter cette histoire grâce au capitaine de ce navire qui m'a sauvé. Le pauvre homme avait perdu ses enfants, ce jour-là, l'océan lui a rendu un fils. Moi, j'ai retrouvé un père.

VOCABULAIRE

Les bateaux et les baleines

À bord : dans un bateau.

Amarre : corde servant à attacher **(amarrer)** un bateau à un point fixe.

Ancre : objet métallique très lourd qui permet au bateau de rester sur place, ou de quitter un lieu **(lever l'ancre)**.

Armateur : celui qui équipe un navire **(armer un navire)**.

Baleinier : grand bateau équipé pour la pêche à la baleine.

Baleinière : petit bateau qui permet d'approcher les baleines pour lancer les harpons.

Barre : objet permettant de commander le gouvernail d'un bateau.

Cachalot : baleine à dents pouvant mesurer 18 mètres.

Cale : sous le pont, partie du bateau destinée à recevoir les cargaisons.

Cétacé : grand mammifère marin, par exemple les baleines et les cachalots.

Chien de bord : chien qui vit sur un bateau.

Compas : sur un bateau, instrument permettant de connaître une direction fixe.

Encorder : attacher avec une corde.

Épave : restes d'un bateau qui a coulé.

Équipage : ensemble des personnes qui travaillent sur un bateau.

Flanc : côté gauche ou droit du corps d'une personne ou d'un animal.

Flotte : ensemble de bateaux appartenant à un même pays.

Gaillard : partie surélevée du pont à l'avant ou à l'arrière du bateau.

Gouvernail à tourniquet : barre à roue qui permet de conduire un bateau.

Hamac : rectangle de tissu, suspendu aux deux extrémités, servant de lit.

Harpon : pointe métallique fixée à un manche en bois lancée par un marin pêcheur, **le harponneur**.

Marine marchande : ensemble des navires destinés au commerce.

Matelot : employé de rang inférieur qui travaille sur un bateau.

Pirogue : petit bateau léger.

Pont : plancher qui couvre la cale et la coque d'un bateau.

QUESTIONS POUR COMPRENDRE

1 - Queequeg
1. Combien de fois Ismaël a-t-il embarqué sur un baleinier ?
2. Comment Peter Coffin compte préparer Ismaël à la vie sur les baleiniers ?
3. Qu'a eu envie de faire Ismaël pour se protéger, mais qu'il n'a pas fait ?
4. Quelles qualités Ismaël a-t-il découvertes dans la personnalité de Queequeg ?
5. Comment Queequeg a-t-il appris la langue d'Ismaël ?
6. Où est l'aubergiste Osée Hussey à l'arrivée d'Ismaël et de Queequeg ?

2 - Le *Pequod*
1. Qu'a pensé Ismaël en examinant le *Pequod* ?
2. Pourquoi le Pequod est-il comparé à un cannibale ?
3. De quoi Peleg accuse Ismaël ?
4. Que voit Ismaël quand Peleg l'envoie regarder l'horizon ?
5. Ismaël pense-t-il que le capitaine Peleg est avare ?
6. Combien de baleines Queequeg a-t-il déjà tuée ?

3 - Les préparatifs
1. Pourquoi Peleg admire-t-il le capitaine Achab ?
2. Selon Peleg, qu'est-ce qui prouve qu'Achab est un homme bien ?
3. Pourquoi Ismaël ne veut-il pas continuer à discuter avec l'homme sur le quai ?
4. Qui sait ce qui est arrivé au capitaine Achab au large du Cap Horn ?
5. Pourquoi Ismaël essayait-il de ne pas réfléchir ?

4 - Le cachalot blanc

1. Pourquoi les chasseurs de baleines ne seraient-ils pas pardonnables ?
2. Pourquoi les gens adorent-ils et méprisent-ils à la fois les chasseurs de baleines ?
3. D'après Ismaël, quels sont les marins les plus courageux ?
4. Que racontait-on d'incroyable sur Moby Dick ?
5. En quoi Moby Dick n'est pas un cachalot comme les autres ?

5 - La pièce d'or

1. Qu'est-ce que Queequeg a fait construire quand il était malade ?
2. Avec quoi Achab s'est-il fait fabriquer une fausse jambe ?
3. Qui doit se réunir sur le pont ?
4. Que promet Achab à ses hommes ?
5. Qu'a fait Moby Dick à Achab ?
6. À quelle occasion Starbuck serait-il prêt à attaquer Moby Dick ?

6 - La folie d'Achab

1. Qu'est-ce qui a surpris Achab ?
2. Comment Achab peut-il prévoir le trajet de Moby Dick ?
3. De quoi Achab a-t-il besoin pour se rassurer ?
4. Pourquoi Achab a-t-il l'impression d'avoir vécu comme un esclave ?
5. Que propose Starbuck ?

7 - Le naufrage

1. Combien de temps les harponneurs pouvaient-ils attendre avant que la baleine ressorte ?
2. Pourquoi Achab demande-t-il à Starbuck d'arrêter le bateau ?
3. Quel conseil le capitaine du Rachel donne-t-il à Achab ?
4. Qu'est-ce qui est trompeur chez Moby Dick ?
5. Pourquoi Achab n'a pas vu Moby Dick remonter ?